동물일기 4

사자의 일기

사자가 들려주는 사바나 이야기

스티브 파커 글 | 피터 데이비드 스콧 그림 | 햇살과나무꾼 옮김

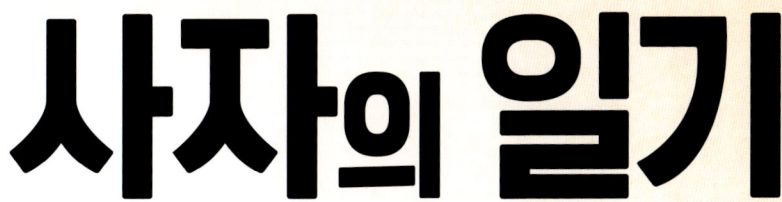

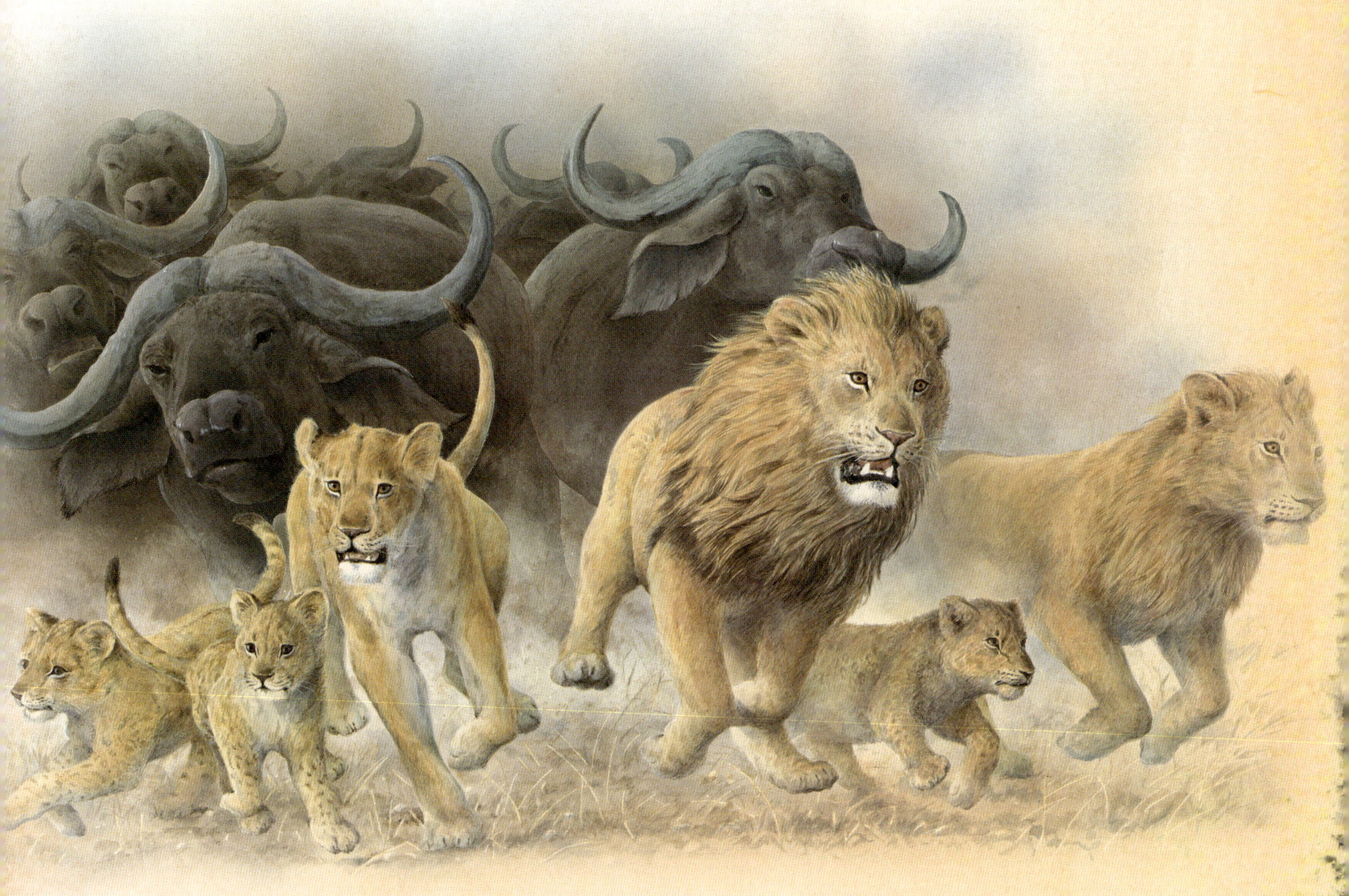

한울림어린이

글쓴이 스티브 파커 Steve Parker

영국의 자유기고가이자 런던 동물학회의 회원으로 과학 분야 전문가이다. 대학에서 동물학을 전공하였고, 과학, 자연, 건강 등에 관해 200여 권의 책을 쓰고 편집하였다. 런던 자연사박물관에서 일했으며,《아동 학습 브리태니커 백과사전》의 과학 분야를 담당하여 글을 쓰기도 하였다. 영국의 BBC 방송에서 생활과학, 건강, 의학 등의 주제를 쉽고 재미있게 소개하여 많은 사람으로부터 사랑을 받았다.
또한 BBC 방송과 영국의 자연 및 사적 보호 단체인 내셔널 트러스트에서 공동 추천한 〈자연 다큐멘터리〉 방송 시리즈물의 기획을 맡기도 하였다.
저서로《뇌 속의 놀라운 비밀》《동물 속을 알고 싶다》《왜 그럴까요》《말해 주세요》《건물에도 뿌리가 있나요?》《엉뚱하고 우습고 황당하고 짜릿한 과학 이야기》《인체》《거꾸로 생각하는 엉뚱한 과학 이야기》《인체 지도》등이 있다.

옮긴이 햇살과나무꾼

햇살과나무꾼은 어린이책을 사랑하는 사람들이 모여 만든 곳으로 세계 곳곳의 좋은 작품들을 소개하고 어린이의 정신에 지식의 씨앗을 뿌리는 책을 집필한다.
《봄·여름·가을·겨울 생태 놀이터》시리즈,《시튼 동물기》등을 옮기고《신기한 동물에게 배우는 생태계》《놀라운 생태계, 거꾸로 살아가는 동물들》등을 썼다.

갈기에 닿을락 말락 하는
내 혓바닥!

차례

우리 가족	4
사바나 친구들	6
강가에서	8
놀이 시간	10
사냥 시작!	12
푸짐한 식사	14
음식 찌꺼기	16
길을 잃다!	18
우리 영역	20
동생이 태어나다	22
물소의 공격	24
첫 사냥	26
홀로서기	28
이웃들의 한마디	30
낱말풀이	31
찾아보기	31

우리 가족

아프리카 동부의 사바나는 오늘도 타는 듯이 뜨겁다.
우리 가족의 어른들은 거의 다 쉬거나 자고 있다.
우리는 온종일 이곳에서 빈둥거린다.
그러다 해가 지고 조금 시원해지면,
엄마들이 사냥하러 갈 채비를 한다.

수사자

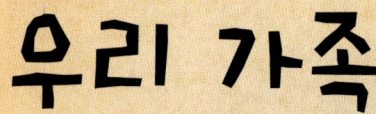

분류 포유류 식육목 고양잇과
몸길이 1.6~2.5미터
몸무게 100~250킬로그램
사는 곳 초원, 덤불숲, 나무가 듬성듬성한 숲
먹이 누, 얼룩말, 물소, 일런드영양이나 작은 가젤 같은 영양류, 혹멧돼지
특징 목둘레에 긴 갈기가 있고 꼬리 끝에 짙은 색 털송이가 있다. 어빨이 길고 날카로우며 큰 소리로 울부짖는다.

우리 가족의 둘째 아빠이다.

큰누나가 꾸벅꾸벅 졸고 있다.

나는 엄마한테 달라붙어 있다.

아기 사자들은 놀고 싶어 하지만,
이렇게 더울 때는 놀기도 너무 힘들다.
어차피 나는 이제 아기들이랑 같이 어울릴
나이도 지났다. 오늘은 나의 두 번째
생일이니까. 나는 쑥쑥 자라고 있다!

우리는 사이좋은 대가족이다. 지난해 새아빠가 왔을 때는 지금처럼 사이가 좋지 않았다. 그때 새아빠는 예전 아빠를 쫓아내고 대장 자리를 차지하고는 가장 어린 새끼 두 마리를 죽여 버렸다! 그 얘기는 다음에……

사자의 굶주림 단계

배고파 쓰러질 지경
공격할 가능성이 아주 높다.

몹시 배고픔
공격할 가능성이 높다.

배고픔
공격할 수 있다.

배부름
공격할 가능성이 낮다.

이 표를 보면 우리 사자들은 배가 고플수록 위험하다는 걸 알 수 있다.

덩치 크고 사나운 새아빠. 우리 가족의 대장이다!

둘째 엄마는 우리 엄마의 동생

어린 사촌 동생은 놀고 싶어 한다.

사바나 친구들

어렸을 때 나는 늘 엄마 옆에 붙어 있었다.
하지만 이제는 제법 자라서 혼자 탐험도 할 수 있다.
어제는 진흙 웅덩이에 가서 사바나 친구들이랑
같이 놀았다. 나는 친구들과 몰래 만난다.
우리 가족은 내 친구들을 먹이로 생각할 테니까!

갈기가 나고 있다.

혹멧돼지의 긴 주둥이

여기서 엄니가 자란다.

새끼 혹멧돼지는 풀, 나무껍질, 뿌리, 열매를 우적우적 씹어 먹는 것을 아주 좋아한다. 하지만 죽은 동물도 먹는다. 혹멧돼지가 다 자라면 엄니가 내 송곳니만큼 길어진다.

강가에서

우리는 며칠에 한 번씩 잿빛 강에 가서
오랫동안 느긋하게 물을 마신다.
다른 동물들은 멀찌감치 물러난다.
우리가 함께 있으면 아무도 건드리지 못한다.
사자의 힘!

강에서 조심할 것들
1. 악어
2. 뱀
3. 성난 코끼리의 발
4. 동물들이 물속에 잔뜩 싸 놓은 응가

큰누나가 자리 나기를 기다리고 있다.

엄마는 새아빠 옆에 있다.

물을 많이 마셔 두면 사흘쯤 버틸 수 있다.

물을 마시면서도 안전한지 살핀다.

오늘은 새끼 하마네 가족도 강에 있었다.
어른 하마는 우리가 사냥하기에는 몸집이
너무 크다. 설령 공격한다 해도 물속으로
숨어 버리거나 헤엄쳐서 도망가면 그만이다.

아프리카비단구렁이는 능글능글하고 미끌미끌하고 무섭다. 위장 기술이 끝내줘서 덤불이랑 거의 비슷하다.
아마 나를 한입에 꿀꺽 삼켜 버리겠지!

아프리카비단구렁이는 한번 배불리 먹으면 몇 달 동안 먹지 않는다.

하마

분류 포유류 소목 하마과
몸길이 3.7~4.6미터
몸무게 1.5~4톤
사는 곳 강, 호수, 늪
먹이 풀, 나뭇잎, 열매
특징 몸집이 거대하고, 입이 크고, 앞니가 길고, 꼬리가 작고 짧다.

두꺼운 가죽이 악어를 보호한다.

하마는 헤엄을 잘 치고 잠수도 잘한다.

악어도 무서운 동물이다. 악어가 물 위로 몸을 조금만 내밀고 둥둥 떠다니면 꼭 낡은 통나무 같다. 하지만 악어는 꼬리로 사자도 후려쳐 쓰러뜨릴 수 있다. 또 무는 힘도 무시무시해서 다들 무서워한다.

놀이 시간

오늘 오후에는 사촌들이랑 다 같이 신 나게 뛰고 뒹굴며 놀았다. 물론 재미로 노는 건 아니다. 놀이가 진짜 중요하다는 것쯤은 안다. 놀이는 훌륭한 사냥 연습이다!

이 동작은 '펄쩍 뛰어 덮치기'다.

어린 사촌 동생은 아직 수줍음이 많다.

귀를 쫑긋 세워 친근함을 표시한다.

내가 사촌의 귀를 퍽 때렸다!

장난삼아 싸워 보면 누가 가장 센지 알 수 있으니까 먹이를 두고 다툴 일이 없다. 다치느니 배고픈 게 낫다.

발톱은 반만 내밀었다.

62 사자 교과서: 기술 연습

기술 연습
놀이 시간은 공부 시간

새끼 사자는 놀면서 사냥 기술을 연습한다. 사냥 기술에는 먹이 노려보며 냄새 맡기, 살금살금 다가가기, 단숨에 돌격하기, 펄쩍 뛰어 덮치기, 이빨로 꽉 물기 등이 있다. 친구와 함께 놀면 감각과 근육의 힘을 키우고 사냥 동작을 익히기에 아주 좋다.

난폭해 보이지만 위험하지는 않다.

아기 어금니

아기 송곳니

첫 번째 생일이 막 지났을 때
놀다가 젖니 두 개가 빠졌다.
빠진 이빨은 버리지 않고 모아 두었다.
지금은 고기를 먹는 어른 이빨이 나고 있다.
끝내준다!

나는 사촌을 지켜보며 장난이
너무 심해지지는 않는지 살폈다.
사촌이 귀를 납작 눕히고,
송곳니를 드러내고, 꼬리를 휙휙
흔든다면 더 이상 장난이 아니다.

사촌 누나가 할퀴는
연습을 하고 있다.

꼬리를 흔들고 있지만
진짜 화난 건 아니다.

11

사냥 시작!

해가 지자마자 엄마들과 누나들은 사냥을 나갔다.
일런드영양 무리가 보이자, 뒤따라오던 나에게
안전하게 물러나 있으라고 했다.
하지만 나는 가까이 다가가 바위 뒤에 숨어서 지켜보았다.
사냥감은 다리를 다친 늙은 영양이었다.

달아나는
일런드영양들

셋째 엄마와 넷째 엄마가
사냥감을 무리에서 떼어 놓고 있다.

늙은 일런드영양은
도망치지 못한다.

큰누나가 사냥감을
몰아가고 있다.

엄마들이 일런드영양 무리에 뛰어들자,
일런드영양들은 재빨리 흩어졌다.
큰누나가 늙은 영양 뒤에서 나타나
영양을 엄마 쪽으로 몰아갔다.

나는 바위 뒤에서
구경했다. 진짜
멋졌다!

사자가 좋아하는 음식 순위
1. 일런드영양
2. 얼룩말
3. 누
4. 가젤
5. 혹멧돼지

일런드영양

- **분류** 포유류 소목 솟과
- **몸길이** 약 3미터
- **몸무게** 400~900킬로그램
- **사는 곳** 나무가 듬성듬성한 숲, 덤불숲, 바위가 많고 건조한 지역
- **먹이** 풀, 나뭇잎, 열매, 나무껍질, 뿌리 등 다양한 식물
- **특징** 비비 꼬인 모양의 길고 날카로운 뿔이 있고 다리가 길며 등에 짧은 갈기가 있다.

우리 엄마가 먼저 공격을 한다.

둘째 엄마는 뒤따라 공격한다.

큰누나가 늙은 영양을 엄마쪽으로 모는 동안 엄마는 꼼짝 않고 조용히 기다리고 있었다. 이내 엄마가 돌격하더니 펄쩍 뛰어올랐다! 엄마는 일런드영양의 목덜미를 물어 숨을 끊고, 둘째 엄마는 배를 갈랐다. 1분도 지나지 않아 모든 것이 끝났다. 끝내주게 끝냈다!

푸짐한 식사

신선한 고기는 정말 맛있어! 새아빠가 가장 먼저 먹지만, 우리 엄마랑 큰누나, 어린 새끼들도 금방 같이 먹을 수 있다. 다른 아빠와 나이 많은 사촌들과 다른 엄마들은 차례를 기다린다. 이 일런드영양은 꽤 커서 며칠 동안 먹을 수 있을 것이다.

엄마 젖을 떼고 처음 고기를 맛보던 때가 기억난다. 태어난 지 여섯 달쯤 되었을 때였다. 처음에는 턱이 아팠지만, 이제는 30분 가까이 고기를 뜯고 씹을 수 있다.

사자의 굶주림 단계

배고파 쓰러질 지경
공격할 가능성이 아주 높다.

몹시 배고픔
공격할 가능성이 높다.

배고픔
공격할 수 있다.

배부름
공격할 가능성이 낮다.

늘 새아빠가 먼저 먹는다.

내가 새아빠 다음으로 먹는다. 대단하지?

사촌이 앞니로 오물오물 씹어 먹고 있다.

음식 찌꺼기

그 뒤로 우리는 일런드영양을 두 번 더 뜯어 먹었다. 우리가 다 먹고 나면 찌꺼기를 청소하는 동물들이 온다. 청소동물들은 먹을 만한 뼈를 골라내고 뿔이나 발굽을 와작와작 씹어 먹기도 한다. 보통 하이에나가 가장 먼저 오고, 독수리와 자칼이 그 다음에 온다.

우리 가족이 앞발과 발톱, 이빨, 수염을 깨끗이 닦고 있다.

하이에나는 덩치가 크고 힘이 세다.

독수리는 목이 길어서 죽은 동물의 몸속에 머리를 집어넣고 파먹을 수 있다.

독수리가 하이에나를 경계한다.

자칼이 차례를 기다리고 있다.

새아빠와 다른 식구들은 모두 그늘에 누워 있다.
하지만 나는 별로 피곤하지 않다.
독수리나 한두 마리 쫓아야겠다.
　물론 장난이 아니라 사나운 표정으로
동물들에게 겁주는 연습을 할 것이다.

나는 우리 가족이
그대로 있는지
계속 확인했다.

흰등독수리

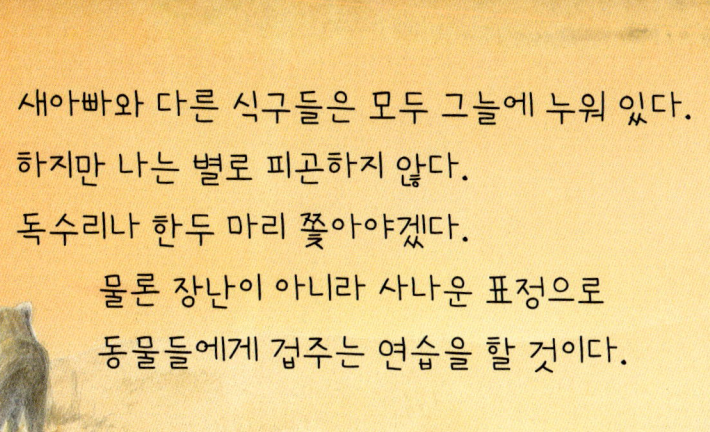

분류 조류 매목 수릿과
몸길이 약 80센티미터
날개폭 2미터
몸무게 6~7킬로그램
사는 곳 초원, 덤불숲, 나무가 듬성듬성한 숲
먹이 갖가지 죽은 동물
특징 날개가 크고 힘센 부리가 갈고리처럼 구부러져 있다. 머리깃털과 목깃털이 짧다.

검은등자칼

분류 포유류 식육목 개과
몸길이 70~90센티미터
몸무게 7~10킬로그램
사는 곳 초원, 덤불숲, 나무가 듬성듬성한 숲
먹이 쥐와 곤충에서 영양과 뱀에 이르는 다양한 동물
특징 강한 턱과 먹이를 으스러뜨리는 이빨이 있다. 등의 털은 은빛이 도는 검은색이고, 꼬리는 숱이 많고 끝이 검다.

독수리가 머리깃털과 목깃털이 짧아서
다행이다. 만약 길었다면 온통 피로
흥건하게 젖을 테니까. 자칼은 아무거나
다 먹는 것 같다. 가죽과 털까지!

17

길을 잃다!

우리는 아기는 아니지만 아직 어른도 아니다.
그래서 엄마 사자들은 우리를 걱정한다.
우리가 너무 멀리 돌아다니고 위험한 짓도
많이 한다면서. 솔직히 맞는 말이다.
어젯밤에 산책을 나갔는데…… 너무 멀리 갔고,
정말로 너무 위험했다!

찾습니다!

이 어린 사자를 보셨나요?
아직 덜 자란 어린 사자가 사라졌습니다.
발견하면 사바나 동물 파수대로
연락해 주세요.

표범이 꼬리를 휙휙
흔들었다. 혹시
내 냄새를 맡았나?

나는 땅에 코를 대고 킁킁거리며
가젤의 냄새를 쫓고 있었다.
문득 바스락거리는 소리가 들려서
고개를 들어 보니, 표범이 보였다.
앗! 나를 잡아먹을 수도 있는데.
무서워!

우리 가족이
다른 곳으로 가고 있다.

다행히 표범은 나를 알아채지 못했다.
조그만 바위틈이 있길래 재빨리 그곳에 숨었다.
표범은 어슬렁어슬렁 내 옆을 지나쳐……
가 버렸다. 나는 얼른 바위 위로 뛰어올라가
저 멀리 우리 가족이 있는 곳을 확인하고는
그리로 도망쳤다. 후유!

표범

분류 포유류 식육목 고양잇과
몸길이 1.2~1.6미터(큰 것 1.8미터)
몸무게 약 50킬로그램
사는 곳 바위산, 덤불숲, 나무숲, 늪 등 거의 모든 지역
먹이 쥐와 새에서 영양과 얼룩말에 이르는 다양한 동물
특징 털에 얼룩무늬가 있다. 무는 힘이 아주 강하다. 튼튼한 다리와 발톱으로 나무를 잘 탄다.

바위틈에 숨은
덕분에 살았다.

우리 영역

새아빠의 울음소리가 땅을 뒤흔든다.

나는 무사히 가족에게 돌아왔다. 새아빠는 이곳이 우리의 영역임을 알렸다. 멋진 갈기를 흔들고, (참, 나도 갈기가 새로 났다. 잘 자라는 것 같다.) 으르렁거리고, 그르렁거리고, 우렁차게 울부짖는다. 크르렁 크르렁, 끝내준다!

엄마들과 어린 사자들이 햇볕을 쬐고 있다.

새아빠의 울음소리는 아주 멀리까지 퍼져 나간다. 다른 사자들에게 이렇게 경고하는 것이다.
'이곳은 우리 가족의 땅이다. 우리가 살고 사냥하는 영역이다. 내가 이곳을 지킨다. 물러나지 않으면 후회하게 될 것이다!'

우리 엄마랑 식구들의 냄새를 다시 맡으니 좋다.

동생이 태어나다

셋째 엄마가 아기 사자를 데려왔다. 귀여워! 셋째 엄마는 몇 주 전 무리를 떠났다가 아주 작은 아기 사자를 데리고 돌아왔다. 엄마 사자들은 새끼를 낳을 때 무리에서 떨어져 혼자 굴로 들어간다.

엄마들은 아기 사자를 이렇게 옮긴다.

사촌 누나가 자는 척하고 있다.

내가 아기였을 때가 생각난다. 일주일 동안은 눈을 뜨지 못해 아무것도 보지 못했다. 삼 주째부터 걷는 법을 배웠다. 지금 생각하니 다 머나먼 옛날 일 같다.

사촌 동생은 놀고 싶어 몸이 근질거린다.

아기 사자가 젖을 찾는다.

아기 사자는 엄마들이 다 함께 돌볼 것이다. 함께 모여 살면 그 점이 좋다. 새아빠도 아기 사자한테 관심이 많다. 새아빠의 자식이기 때문이다. 지난번에 새아빠가 죽인 불쌍한 새끼들은 새아빠의 자식이 아니었다. 그래서 그 새끼들을 곁에 두고 싶지 않았던 것이다.

아빠들은 자기 자식들한테는 너그럽다.

새아빠는 첫 아들을 무척 자랑스러워한다!

내 갈기가 쑥쑥 자라고 있다.

내가 아기였을 때, 엄마는 나를 굴에 두고 사냥을 하러 나갔다가 나에게 젖을 먹이러 굴로 돌아오곤 했다. 엄마는 일주일마다 굴을 옮겨 다녔다. 한곳에 너무 오래 머물면 우리 냄새가 배어서 적에게 들킬 수 있으니까.

물소의 공격

어른 물소 한 마리를 잡으면
우리 가족이 일주일은 먹을 수 있다.
하지만 물소는 어른 사자도 죽일 수 있다.
그래서 사냥은 위험하다.
오늘 새벽 그 사실을 톡톡히 깨달았다.

물소는 사자보다 덩치가 네 배쯤 크다!

이 커다란 뿔로 우리를 찔러 죽일 수 있다.

어른 물소는 덩치가 엄청나게
크고 무거우며, 두꺼운 가죽과
무시무시한 뿔이 있다. 물소들이
떼 지어 있으면 무섭다!
우리가 사냥을 하려는데,
물소 떼가 코를 킁킁거리며
발을 쿵쿵 굴렀다. 그러더니
우리를 보고는 달려드는 게 아닌가!

엄마들은 새끼를 보호한다.

우리 엄마랑 새아빠도 몹시 당황했다. 우리는 발굽을 쿵쿵거리며 뿔을 휘두르는 물소 떼를 피해 미친 듯이 달아났다. 나중에 다시 모이기는 했지만, 둘째 엄마와 사촌 하나가 무리에서 떨어졌다. 게다가 사냥도 못 했으니 배까지 고팠다……

아프리카물소

분류 포유류 소목 소과
몸길이 2~3미터
몸무게 600~900킬로그램
사는 곳 늪, 숲, 초원
먹이 풀, 갈대, 싹, 꽃, 열매
특징 둥글게 휜 커다란 뿔이 있고 머리가 어깨 아래로 처져 있다. 덩치가 크고 무겁다.

내 멋진 갈기가 아무 도움도 안 된다.

첫 사냥

오늘 처음으로 먹을 만한 사냥감을 나 혼자 잡았다! 나는 가시 언덕에 새로 생긴 굴을 보고 어둠 속에 숨어 굴의 주인이 오기를 기다렸다. 그러자 해가 뜨기 바로 전에……

송곳니를 드러내고 덮쳤다.

깡충토끼는 펄쩍 뛰어 도망치려 했지만, 늦었다.

……깡충토끼가 굴 입구로 폴짝폴짝 뛰어왔다. 깡충토끼는 딱 한순간 뜀박질을 멈추었고, 나는 그 순간을 놓치지 않았다. 나는 납작 엎드려 거리를 가늠하고는 와락 덮쳤다.

깡충토끼

분류 포유류 토끼목 깡충토낏과
몸길이 약 40센티미터
몸무게 약 3킬로그램
사는 곳 주로 건조한 초원이나 덤불숲
먹이 풀, 씨앗, 뿌리, 알뿌리, 작은 동물
특징 귀가 길고 꼬리가 복슬복슬하다. 앞다리가 짧고 뒷다리는 길고 튼튼하다.

털가죽만 남기고 다 먹을 거다.

깡충토끼 한 마리로는 배가 차지 않는다.
하지만 혼자 사냥을 해내서 정말 뿌듯했다.
엄마는 내가 세 살이 되면
새아빠가 나를 쫓아낼 거라고 했다.
그러니까 나는 사냥 연습을 해 둬야 한다.

사냥 연습을 해 볼 작은 동물들

1. 새, 새알, 새끼 새
2. 쥐와 토끼
3. 도마뱀과 뱀
4. 땅다람쥐와 깡충 토끼
5. 어린 혹멧돼지

홀로서기

엄마가 말한 그 일이 바로 오늘 아침에 일어났다.
새아빠가 나에게 떠나라고 한 것이다.
다 자란 수사자는 새아빠를 위협할 수 있기 때문이다.
그래서 나는 작별 인사로 엄마를 핥아 주고
갈기를 흔들어 보인 다음 길을 나섰다.

우리 가족이 개코원숭이들을 지켜보고 있다.

개코원숭이는 이빨이 크고 날카롭다!

사자의 굶주림 단계

배고파 쓰러질 지경
공격할 가능성이 아주 높다.

몹시 배고픔
공격할 가능성이 높다.

배고픔
공격할 수 있다.

배부름
공격할 가능성이 낮다.

우리 가족은 지금 배고파 쓰러질 지경이다. 어쩌면 개코원숭이를 공격할지도 모른다!

나는 재빨리 떠날 준비를 했다.

나는 당당하게 걸어갔지만, 속으로는 초조했다.
함께 가는 형제나 사촌도 없이 혼자였다.
그런데 사납고 힘센 개코원숭이들이
내 쪽으로 다가왔다. 개코원숭이들은
혼자 있는 사자를 죽일 수도 있는데!
다행히 언덕 위 사자 무리의
수사자 하나가 다가왔다.

110 사자 교과서: 힘 모으기

힘 모으기
젊은 사자들에게 알린다
암사자: 무리에 쭉 머물러 있을 것. 다른 무리에 들어가는 것은 몹시 위험하다.
수사자: 형제나 사촌 등 다 자란 다른 수사자와 함께 떠나라. 몇 년 뒤 스스로 무리를 만들거나 다른 사자의 무리를 차지하라.

혼자 다니는 수사자보다 함께 다니는 수사자가 더 오래 산다.

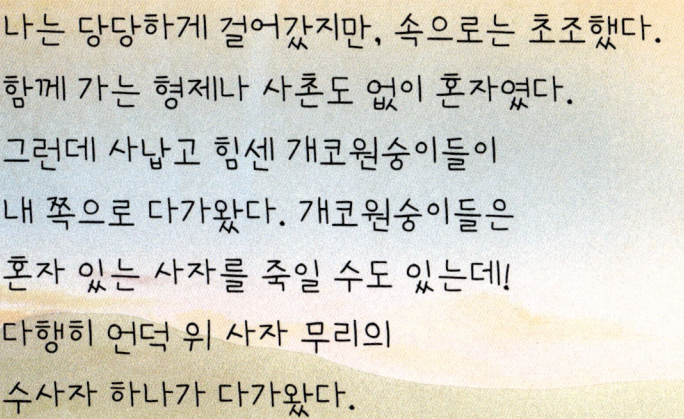

언덕 위
사자 무리에서
쫓겨난 수사자

나는 그 수사자와 친구가 되어
힘을 모으기로 했다.
하지만 사냥은 각자 할 것이다.
나중에 늙고 힘없는 수사자를
보면, 나는 그 사자를 쫓아내고
무리를 차지할 것이다.
새아빠가 옛날 아빠에게
그랬던 것처럼.
난 멋진 대장이 될 거다!

이웃들의 한마디

나는 내 일기에 내가 만난 동물들에 대해 적어 놓았다.
그런데 그 동물들은 나를 어떻게 생각할까?

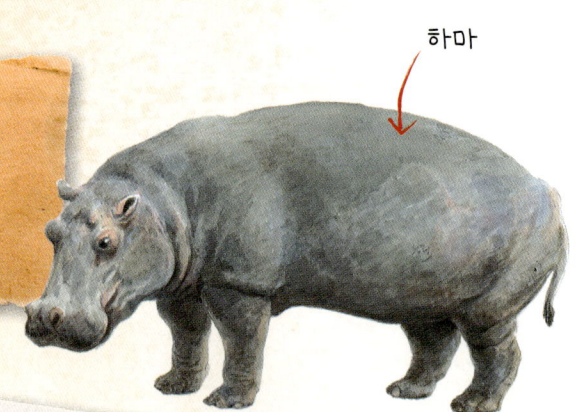

하마

"만약 사자가 나한테 다가온다면 마주보고 하품을 쩌억 해 주겠어. 지루하거나 피곤해서 하품하는 건 아냐. 커다란 입과 이빨을 자랑하려는 거지!"

표범

"그 수사자가 새끼였을 때 잡아먹을 수 있었는데. 새끼 사자들은 참 맛있단 말이지. 하지만 이제는 그 녀석이 다 자라서 내가 슬슬 피해 다녀. 쩌렁쩌렁한 울음소리 때문에 귀가 아프다니까."

물소

"우리는 사자들한테 가장 크고 힘센 동물이 누구인지 똑똑히 보여 줬어! 그런데 사자들은 아주 게으른 것 같아. 암컷들이 온갖 힘든 일을 도맡아 하잖아."

일런드영양

"어렸을 때는 서로 어떻게 사는지 이야기하는 게 참 재미있었어. 하지만 지금 사자를 만난다면 콧김을 씩씩 내뿜으며 엄니를 휘두른 다음 잽싸게 달아날 거야!"

"그 사자가 내 친구를 죽였어. 난 평생 그 사자를 미워할 거야. 그런 일을 당하지 않도록 우리 일런드영양들은 정신을 바짝 차리고 조심 또 조심해."

혹멧돼지

낱말풀이

개코원숭이 주둥이가 개와 비슷한 원숭이로 몸집이 크고 힘세다. 털이 길고, 손가락과 발가락 힘이 강하며, 꼬리가 짧고, 이빨이 길고 날카롭다.

가젤 발이 빠르고, 발굽이 있고, 풀을 먹는 포유동물. 영양의 한 종류로 다리가 길고 뿔이 길고 날카롭다. 아프리카와 아시아에 약 14종의 가젤이 살고 있다.

하이에나 개와 비슷하게 생긴 동물로, 뒷다리 쪽보다 어깨 쪽이 더 높고 무는 힘이 아주 강하다. 무리를 지어 산다.

사바나 나무가 전혀 없거나 거의 없이 주로 풀만 자라는 건조하고 평평한 지역.

청소동물 다른 동물이 먹고 남긴 고기 등을 주로 먹는 동물. 죽어 가거나 죽었거나 썩어 가는 것들도 먹는다.

영역 동물이 살고, 먹고, 새끼를 기르는 곳. 같은 종의 동물이 자기 영역 안에 들어오지 못하게 한다.

누 아프리카에 사는 영양의 한 종류. 털색은 잿빛을 띠는 갈색이고 갈기와 긴 꼬리털이 있다. 풀을 찾아 거대한 무리를 지어 1600킬로미터나 되는 먼 거리를 이동한다.

찾아보기

가젤 18, 31
강 8-9
갈기 4, 6, 20, 23
개코원숭이 28-29, 31
검은등자칼 17
깡충토끼 26-27
꼬리의 털송이 4
냄새 20-21, 23
독수리 16-17, 31
똥 21
물소 24-25, 30
발자국 7
발톱 10-11, 16, 21
사냥 11, 12-13, 20, 23, 24, 29
사바나 4, 6, 31
새끼 사자 11, 30
수사자 4, 28-29
아프리카물소 25
악어 8-9, 21
어금니 15, 31
엄니 6
영역 20-21, 31
웅덩이 21
이빨 4, 6, 11, 15, 26
일런드영양 12-13, 14, 21, 30
자칼 16-17
젖 14, 22-23
청소동물 16, 31
코끼리 8
표범 18-19, 30
하마 7, 8-9, 30
하이에나 16, 31
혹멧돼지 6-7, 13, 21, 27, 30
흰등독수리 17

독수리

"사자는 그럭저럭 괜찮은 동물인 것 같아. 사자가 사냥해서 먹고 남은 것을 우리가 먹을 수 있으니까. 하지만 사자가 하늘을 날거나 부리로 쪼거나 꺅꺅 소리칠 수 있어? 못 하지!"

Animal Diaries : Lion
by Steve Parker, Peter David Scott
Copyright © QED Publishing 2012
Korean translation copyright © Hanulimkids Publishing co., 2014
This Korean edition is published by arrangement with QED Publishing,
a member of the Quarto Group through Bookmaru Korea literary agency in Seoul.
All rights reserved.

이 책의 한국어판 저작권은 북마루코리아를 통한
QED Publishing, a Quarto Group Company와의 독점계약으로
한울림어린이가 소유합니다. 신저작권법에 의하여 한국 내에서
보호를 받는 저작물이므로 무단 전재와 복제를 금합니다.

사자의 일기
사자가 들려주는 사바나 이야기

글 | 스티브 파커　그림 | 피터 데이비드 스콧·아트 에이전시　옮긴이 | 햇살과나무꾼
펴낸이 | 곽미순　기획·편집 | 이은영　디자인 | 이정화

펴낸곳 | 한울림어린이　편집 | 이은영 윤도경
디자인 | 김민서 이정화　마케팅 | 이정욱 김가연　관리 | 강지연
등록 | 2004년 4월 12일(제318-2004-000032호)
주소 | 서울시 영등포구 당산로54길 11 래미안당산1차A 상가
대표전화 | 02-2635-1400　팩스 | 02-2635-1415
홈페이지 | www.inbumo.com　블로그 | blog.naver.com/hanulimkids

첫판 1쇄 펴낸날 2014년 12월 15일
ISBN 978-89-98465-35-3 74490

이 도서의 국립중앙도서관 출판시도서목록(CIP)은 서지정보유통지원시스템 홈페이지(http://seoji.nl.go.kr)와
국가자료공동목록시스템(http://www.nl.go.kr/kolisnet)에서 이용하실 수 있습니다.(CIP제어번호: CIP2014023173)
*잘못된 책은 바꿔드립니다.